I0019405

Composant de sécurité

Tuo Zhang

Composant de sécurité

La composant autorisation pour une session «User centric»

Éditions universitaires européennes

Mentions légales / Imprint (applicable pour l'Allemagne seulement / only for Germany)
Information bibliographique publiée par la Deutsche Nationalbibliothek: La Deutsche Nationalbibliothek inscrit cette publication à la Deutsche Nationalbibliografie; des données bibliographiques détaillées sont disponibles sur internet à l'adresse http://dnb.d-nb.de.
Toutes marques et noms de produits mentionnés dans ce livre demeurent sous la protection des marques, des marques déposées et des brevets, et sont des marques ou des marques déposées de leurs détenteurs respectifs. L'utilisation des marques, noms de produits, noms communs, noms commerciaux, descriptions de produits, etc, même sans qu'ils soient mentionnés de façon particulière dans ce livre ne signifie en aucune façon que ces noms peuvent être utilisés sans restriction à l'égard de la législation pour la protection des marques et des marques déposées et pourraient donc être utilisés par quiconque.

Photo de la couverture: www.ingimage.com

Editeur: Éditions universitaires européennes est une marque déposée de
Südwestdeutscher Verlag für Hochschulschriften GmbH & Co. KG
Heinrich-Böcking-Str. 6-8, 66121 Sarrebruck, Allemagne
Téléphone +49 681 37 20 271-1, Fax +49 681 37 20 271-0
Email: info@editions-ue.com

Produit en Allemagne:
Schaltungsdienst Lange o.H.G., Berlin
Books on Demand GmbH, Norderstedt
Reha GmbH, Saarbrücken
Amazon Distribution GmbH, Leipzig
ISBN: 978-3-8417-8928-0

Imprint (only for USA, GB)
Bibliographic information published by the Deutsche Nationalbibliothek: The Deutsche Nationalbibliothek lists this publication in the Deutsche Nationalbibliografie; detailed bibliographic data are available in the Internet at http://dnb.d-nb.de.
Any brand names and product names mentioned in this book are subject to trademark, brand or patent protection and are trademarks or registered trademarks of their respective holders. The use of brand names, product names, common names, trade names, product descriptions etc. even without a particular marking in this works is in no way to be construed to mean that such names may be regarded as unrestricted in respect of trademark and brand protection legislation and could thus be used by anyone.

Cover image: www.ingimage.com

Publisher: Éditions universitaires européennes is an imprint of the publishing house
Südwestdeutscher Verlag für Hochschulschriften GmbH & Co. KG
Heinrich-Böcking-Str. 6-8, 66121 Saarbrücken, Germany
Phone +49 681 3720-310, Fax +49 681 3720-3109
Email: info@editions-ue.com

Printed in the U.S.A.
Printed in the U.K. by (see last page)
ISBN: 978-3-8417-8928-0

Table des matières

Liste des abréviations

APN	Access Point Name
AuC	Authentication Center
BSS	Base Station Sub-System
CGSN	Co-located GPRS Support Node
DNS	Domain Name System
GGSN	Gateway GPRS Support Node
GPRS	General Packet Radio Service
GSM	Global System for Mobile Communications
HLR	Home Location Register
HSS	Home Subscriber Server
IMS	IP Multimedia Subsystem
IMEI	International Mobile Equipment Identity
IMSI	International Mobile Subscriber Identity
IP-CAN	IP-Connectivity Access Network
MM	Mobility Management
P2P	Peer to Peer
PDA	Persional Digital Asisstant
PDP	Packet Data Protocol
PDF	Police Decision Functions
P-TMSI	Le Packet-Tempory Mobile Subscriber Identity
QoS	Quality of Service
REST	Representational State Transfer
SOA	Serivce Oriented Architecture
SGSN	Serving GPRS Support Node
SE	Service Element
TM	Terminal Mobility
UBIS	User centric : uBiquité et Intégration de Service
VPN	Virtual Private Network
VPSN	Virtual Private Service Network
VLR	Visitor Location Register

Chapter 1

Introduction--Le contexte NGN

1.1 *L'introduction de groupe*

Le groupe AIRS est une structure de L'institut Telecom à Télécom-Paris qui concoure à ses missions de recherche et de formation dans le domaine des technologies de traitement et de communication de l'information.

Rattaché au département INFRES, il participe à l'OR Informatique & Réseau du laboratoire LTCI, unité mixte à Télécom-Paris et au CNRS.

Sa thématique porte sur l'architecture et l'ingénierie des réseaux et des services, avec une large expertise en modélisation, QoS et administration des réseaux.

1.2 *Le domaine de recherche*

Les travaux de recherche du groupe concernent, comme son nom l'indique, « l'Architecture et l'Ingénierie des réseaux et services ». Plus précisément, la problématique peut se ramener aux deux questions suivantes :

1. « Quel Modèle Architectural permettrait une représentation du monde réel communicant à des fins de QoS de bout en bout ? »
2. « Comment gérer et faire évoluer l'Ingénierie des réseaux et des services à des fins d'intégration pour permettre la plus grande transparence vis à vis de l'utilisateur final ? ».*figure 1.1*

1

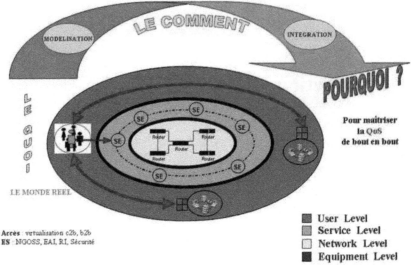

Figure 1.1

La première question porte sur le « Quoi gérer ». Les champs d'investigation induits par ce « monde réel communicant » sont nombreux. Ils ciblent d'une part, les réseaux qu'ils soient de voix, de données ou d'images, publics ou privés, locaux ou grandes distances, d'accès ou de transport (réseau cœur). Et d'autre part, les services qu'ils soient spécifiques aux télécommunications ou relatifs à un traitement particulier.[1]

Les axes de recherche afférents à ce premier volet sont les suivants :

- L'interconnexion avec la problématique de l'hétérogénéité, hier celle des réseaux de transport fixes, aujourd'hui celle des réseaux de services, celle des réseaux mobiles et celle des réseaux ambiants;
- Les protocoles de communication, hier le RNIS bande étroite, puis l'ATM, aujourd'hui l'IP avec une QoS différenciée, MPLS, Peer to Peer, etc. ;
- La modélisation de la QoS et la définition des paramètres mesurables applicables à tous les contextes.
- L'intégration de l'usage et de l'interfonctionnement des services avec la problématique de la continuité de service.

- La définition d'un modèle informationnel représentant ce « quoi gérer », indépendamment des applications de gestion. Modélisation des services et des réseaux supports.
- L'intégration verticale et horizontale à des fins de QoS de bout en bout.

La deuxième question porte sur le « Comment gérer ». Les solutions sont d'ordre fonctionnel et organisationnel avec un souci de thésaurisation (composants réutilisables), d'automatisation (processus) et d'autonomie (distribution maximum).

Les axes de recherche du deuxième volet sont les suivants :

- L'administration des réseaux de transport (RNIS, ATM, MPLS, etc.)
- L'interopérabilité des systèmes de gestion (TMN)
- L'administration des services et la QoS de bout en bout (RI, TINA, Services auto-gérables, éléments de service gérants).
- La convergence plan de contrôle, plan de gestion avec des outils d'aide à la décision.
- La gestion dynamique de la QoS et les processus (TMF, NGOSS).
- Ingénierie d'architecture et gestion de la continuité des services (virtualisation des organisations).

Les différentes investigations ont permis de constituer au fur et à mesure une « Ontologie » reposant sur des concepts forts et des modèles :

- Un modèle de QoS intégrable dans tous les composants (critères : DFDC et paramètres mesurables)
- Un modèle architectural, modélisation conduisant à l'étude de plusieurs niveaux d'intégration : Equipements avec Réseaux, Réseaux avec services puis services avec Utilisateurs, définissant les niveaux de visibilité. Les mécanismes élaborés dans chaque étape ont pour résultat une transparence du niveau inférieur et une méthode d'évolution et d'agrégation pour le niveau supérieur pour la QoS de bout en bout.
- Un méta-modèle et un modèle informationnels.
- Des outils et des règles pour les dimensions organisationnelles et protocolaires à des fins de dynamicité, de flexibilité et de cohérence.

1.3 *Le contexte économique et social*

Le principal objectif de l'approche « user centric » est de répondre à ce que nous pouvons appeler le bien-être social. En effet, fournir des contenus, des connaissances, en fonction « de communautés d'intérêt » auxquelles appartient les utilisateurs ou en fonction de leur géolocalisation, c'est mettre à la portée de tous, une information personnalisée, au bon moment. C'est devenir efficace, au quotidien, dans tous les domaines qui touchent de près les utilisateurs. Cela peut être en matière de santé, d'assistance environnementale, de transport, etc. En effet, prenons un exemple dans le domaine de l'environnement. L'application du suivi du comportement des rivières doit dès lors qu'il y a danger de débordement, envoyer des alertes différenciées selon les communautés d'intérêt constituées, à savoir, les riverains, les pompiers, les responsables régionaux, etc. Ces informations seront acheminées sur le bon terminal, par le bon réseau en fonction des disponibilités et des préférences des destinataires. Dans cet exemple, la continuité de session et l'ubiquité sont essentielles à la sécurité et au confort d'utilisation comme dans tant d'autres domaines. Nous aurions pu citer aussi en exemple, et avec autant de pertinence, les réseaux de travailleurs sociaux, les services de maintien à domicile de personne dépendantes, les enchères en ligne de type eBay, etc. [1]

Donc selon le *système d'information*, le modèle organisationnel doit, composer et recomposer, nos réseaux et services en fonction de la présence de nos utilisateurs. L'enjeu de ce modèle est capital, car il impacte tout le contexte économique. En effet, l'infrastructure et l'outillage conditionnent la distribution des contenus et de ce fait la compétitivité des offreurs. Il faut structurer le marché pour que chaque acteur puisse avoir de bons ROI[1] et TTM[2].

De nos jours, les services offerts et les réseaux de communication prennent une place importante dans la société d'information. Les acteurs de télécommunication doivent relever des défis majeurs qui conditionnent leur maintien sur des marchés très concurrentiels et volatils. En effet, avec l'évolution de la taille et la complexité de l'industrie des médias et des télécommunications, les offres de services sont de plus en plus variées et complexes. Les exigences en matière d'introduction rapide des nouveaux services, de garantie de leur QoS conforme aux contrats, de la maîtrise des nouvelles technologies de communications et de réduction des coûts associés, sont

---

[1] ROI : Return of Investment
[2] TTM : Time To Market

4

parmi les facteurs les plus déterminants du succès des opérateurs de télécommunication et fournisseurs de services sur les marchés d'aujourd'hui.[2]

En fait, le système d'information se positionne désormais au centre de la création de valeur au sein des opérateurs de télécommunication et fournisseurs de services. L'information est devenue une valeur stratégique essentielle, car centrale au processus de décision dont elle constitue l'unique variable de discrimination et de filtrage. Mais, si l'information permet de réduire les incertitudes, c'est bien le système d'information, qui permet aux offreurs de répondre aux besoins des différents marchés, de fournir les biens et services personnalisés à une clientèle, qui bien que ciblée, se caractérise par sa mobilité et sa volatilité. L'enjeu est non seulement d'avoir des services exposables susceptibles de créer de la valeur, mais d'être en réseau pour le partage cette valeur (transorganisationnel).

1.4 *Le contexte et les enjeux scientifuques*

La motivation globale est de faciliter l'intégration des usages afin que l'utilisateur ait un « service tout compris » et de permettre l'intégration des offres de tous les acteurs du marché. En quoi UBIS est-il un projet utile? Par rapport à quel existant ? Sur quelles bases ?

1.4.1 **Le contexte : utilité d'UBIS**

Le contexte qui nous intéresse est celui qui associe la convergence des problématiques de mobilité, d'hétérogénéité et des besoins centrés sur l'utilisateur (*figure 1.2*).

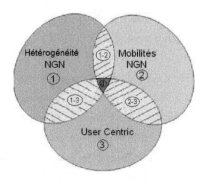

Figure 1.2 : le contexte

- **« User centric »**

L'utilisateur d'aujourd'hui, et plus encore celui de demain, est nomade. Il réclame l'accès à n'importe quel service sans aucune barrière technique, temporelle, économique ou géographique, afin d'obtenir toujours la meilleure session, en adéquation avec son contexte et/ou ses préférences. Ces besoins « user-centric » (*Figure 1.2*– Zone 3) introduisent une nouvelle perception du paysage des télécommunications (*Figure 1.2*).

L'industrie de télécommunications doit proposer des nouvelles solutions, afin de répondre à ces besoins de : « anywhere, anytime, anyhow, every services, everyone », en assurant la continuité de service sans coupure et sans couture (*Figure 1.2*–Zone centrale 4). Ceci est un réel défi inhérent au contexte de *Next Generation Network/Next Generation Service* (NGN/NGS).

- **La mobilité**

Concernant les communications personnelles, la mobilité a plusieurs déclinaisons : « mobilité de terminal », « mobilité de l'utilisateur », « mobilité du réseau », et « mobilité de service ». La « mobilité de terminal » implique la continuité de la connexion. Les technologies du genre « tout IP » permettent de considérer une architecture de réseau unifié, laquelle peut traiter divers réseaux d'accès indépendants. Lorsque l'utilisateur passe d'un terminal à un autre, ce qui concerne la « mobilité de l'utilisateur » nous devons résoudre les adaptations pour préserver la personnalisation. Par ailleurs, si la QoS de bout en bout n'est pas respectée, UBIS doit proposer une « mobilité de service ». Pour assurer une continuité de service avec cette chaîne de mobilités, le système doit gérer dynamiquement la session et son unicité de bout en bout pour en assurer la continuité des services (« seamless, sans couture »). C'est pourquoi nous devons traiter également la « mobilité de session ».

- **L'hétérogénéité**

Le principal problème est l'hétérogénéité de toutes ces ressources qui vont devoir collaborer pour fournir un service global. Or ce que nous voulons c'est une QoS de bout en bout, à laquelle participe chaque composant. C'est pourquoi, la vision UBIS est d'avoir une perception homogène de toutes ces ressources à travers un modèle de QoS qui représente le comportement et les caractéristiques du service demandé. Le modèle s'appliquera à tout objet du système, que cela soit un équipement, un réseau d'accès ou un composant de service.

Aujourd'hui, nous avons des solutions partielles, qui sont illustrées par les intersections de la *figure 1.2* :

- *Intersection entre le champ de l'User et de la Mobilité (Figure 1.2* – Zone (2-3)). Le protocole SIP (Session Initiation Protocol) est une composante de cette intersection. Il fournit une transparence de redirection de services par « SIP Registrer » et « Location Services Server ». Mais il n'offre pas la transparence et nous devons ouvrir plusieurs sessions pour une même session.
- *Intersection entre le champ de l'User et de l'Hétérogénéité (Figure 1.2* –Zone (1-3)). L'hétérogénéité prise en compte aujourd'hui est surtout celle des réseaux d'accès sans prise en compte du QoS.
- *Intersection entre le champ de la Mobilité et de l'Hétérogénéité (Figure 1.2*– Zone (1-2)). La mobilité couverte aujourd'hui est celle du terminal. Nous avons juste une continuité de la connexion. La technologie de l'UMA (Unlicensed Access Mobile) et la norme de IEEE 802.21 MIH (Media Independant Handover) permettent de rendre possible le handover horizontal dans un environnement hétérogène (handover hétérogène). [3]

Le projet UBIS se situe à l'intersection (*Figure 1.2*- zone centrale 4) des trois domaines. Ainsi quelque soit les exigences et les préférences de l'utilisateur nomade (mobilité de l'utilisateur) traversant des réseaux hétérogènes (mobilité du terminal), nous proposons de considérer une nouvelle architecture pour suivre la session conformément aux désirata de l'utilisateur (la mobilité de session de service) pour une continuité de service.

1.4.2 Scénario d'UBIS

A l'ère naissante des réseaux et services de nouvelle génération, les utilisateurs désirent une continuité de services, en tous lieux et selon leur convenance, à condition que l'accessibilité à ce nouveau paysage soit aisée et abordable financièrement. Donc, adaptation personnalisée et panoplie de services configurables à la demande, sont d'actualité. [3]

Le projet UBIS a pour objectif de faciliter l'intégration des usages dans le contexte de mobilité et d'ubiquité tel qu'il existe aujourd'hui et tel qu'il se développera demain dans les réseaux du futur. Des limitations importantes inhérentes aux architectures des réseaux actuels imposent de *penser autrement* la mise à disposition des contenus. En effet, l'approche « user centric » impacte la continuité de service, la personnalisation, la QoS de bout en bout, et demande l'omniprésence des services sans oublier le transorganisationnel.

C'est pourquoi le projet UBIS veut offrir une architecture de services structurante et dynamique (*Figure1. 3*-b), qui soit centrée sur l'utilisateur (« User Centric ») et qui répond à ces nouveaux besoins.

Pour mettre en œuvre sa vision (*Figure1.3*-a), le projet UBIS propose un « NGN[3] / NGS[4] middleware » omniprésent, dénommé « Serviceware » pour favoriser la fourniture de contenus. Il sera constitué de composants de service mutualisables répartis selon un déploiement intelligent.

La modélisation utilisée, favorise la nouvelle approche que le projet UBIS veut mettre en œuvre, à savoir, un réseau overlay de services, où chaque application s'identifie à une composition de services personnalisés reliés selon un routage sémantique, sous contraintes de QoS.

Voici la *figure1.4, scénario* UBIS proposé, pour notre utilisateur prend sa route de son domicile à son bureau, sans vouloir couper sa session (mobilité du terminal), La mobilité du terminal permet à l'utilisateur de changer de localisation avec son terminal.Il peut ainsi accéder aux services de télécommunications quel que soit l'endroit ou il se trouve et meme en mouvement.Cette mobilité, implique que le réseau soit capable d'identifier,localiser et suivre les utilisateurs sur leurs terminaux quels que soient leurs mouvements et de router les appels vers eux. Un enregistrement précis de la localisation courante de l'utilisateur (et de son termainal associé) doit également etre maintenu.L'itinerance est liée à la mobilité du terminal puis qu'elle permet à un utilisateur de se déplacer d'un réseau à un autre.

Nous avons une nouvelle composition de service avec un service suplémentaire, comment on peut faire l'autorisation quand on prend le déplacement d'AN1 à AN2 sans coupure la session? Comment faire l'autorisation quand on a les autres services «SEs» à profiter ? Les contenues

---

[3] NGN: Next Generation Network.
[4] NGS: Next Generation Service

suivantes va vous conduire de résoudre les problèmes posés.

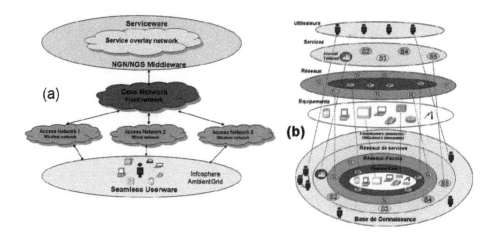

Figure 1.3 : Vision UBIS

Les traveaux est organisé comme cinq partie, pour la première partie, je vous introduis le contexte NGN et le problème on a eu pour résoudre, la deuxsème partie, je vous parle l'autorisation en générale, les existants contextes et les existants produit avec leur limintes, la partie 3, je vous précise la mobilité du terminal. Et le partie 4, c'est les propositions pour résoudre les problèmes que l'on a posé .finalement, on a la conclusion et le perspective à faire. [4]

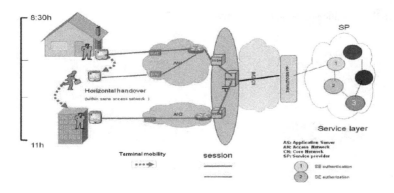

Figure1.4: Scénario d'UBIS

Chapter 2

Le quoi ---Autorisation

2.1 *Définition en générale*

Autorisation est une fonction pour spécifier les droits d'accès aux ressources. , qui est lié aux informations de sécurité et de la sécurité informatique en général et au contrôle d'accès en particulier. Plus formellement, "d'autoriser" est de définir la politique d'accès.

Par exemple, le personnel des RH sont normalement autorisés à accéder aux dossiers des employés, et cette politique est généralement formalisée en tant que règles de contrôle d'accès dans un système informatique. Pendant l'opération, le système utilise les règles de contrôle d'accès de décider si les demandes d'accès à partir de (authentifié) consommateurs doit être accordée ou rejetée. Les ressources comprennent des fichiers individuels ou des articles de données, les programmes d'ordinateur, périphériques informatiques et les fonctionnalités fournies par les applications informatiques.

Exemples de consommateurs sont les utilisateurs d'ordinateur, programmes informatiques et autres périphériques sur l'ordinateur. Le contrôle d'accès dans les systèmes informatiques et des réseaux repose sur des politiques d'accès. Le processus de contrôle d'accès peut être divisé en deux phases: 1) phase de définition des politiques, et 2) phase d'exécution des politiques. L'autorisation est la fonction de la phase de définition des politiques qui précède la phase d'exécution des politiques dans lesquels des demandes d'accès sont accordées ou rejetées sur la base des autorisations précédemment définis.

Les plus modernes, les systèmes d'exploitation multi-utilisateur incluent le contrôle d'accès et, ainsi, s'appuyer sur une autorisation. Le contrôle d'accès permet également l'utilisation de l'authentification pour vérifier l'identité des consommateurs. Quand un consommateur cherche à accéder à une ressource, les contrôles de processus de contrôle d'accès que le consommateur a été autorisé à utiliser cette ressource. L'autorisation est la responsabilité d'une autorité, comme un chef de service, dans le domaine d'application, mais elle est souvent déléguée à un gardien par exemple un administrateur système.

Les autorisations sont exprimées en politiques d'accès dans un certain type de "définition de l'application des politiques", par exemple sous la forme d'une liste de contrôle d'accès ou d'une capacité, sur la base du «principe du moindre privilège»: les consommateurs ne devraient être autorisés à accéder à tout ce qu'ils doivent faire leur travail. Âgées et des systèmes mono-utilisateur d'exploitation ont souvent faibles ou non existantes d'authentification et de systèmes de contrôle d'accès. "Consommateurs anonymes" ou "invités", sont des consommateurs qui n'ont pas été nécessaires pour vous authentifier. Ils ont souvent une autorisation limitée. Sur un système distribué, il est souvent souhaitable d'accorder un accès sans exiger une identité unique. Des exemples connus de jetons d'accès incluent des clés et des billets: ils accorder un accès sans prouver l'identité.

Confiance des consommateurs qui ont été authentifiés sont souvent autorisés à accéder sans restriction aux ressources. "Niveau de confiance partiel" et les invités auront souvent restreint d'autorisation afin de protéger les ressources contre les accès non autorisés et l'usage.La politique d'accès à certains systèmes d'exploitation, par défaut, d'accorder à tous les consommateurs un accès complet à toutes les ressources. D'autres font le contraire, insistant sur le fait que l'administrateur autorise explicitement un consommateur d'utiliser chacune des ressources.

Même lorsque l'accès est contrôlé grâce à une combinaison de l'authentification et des listes de contrôle d'accès, les problèmes de maintien des données d'autorisation n'est pas triviale, et représente souvent la charge administrative beaucoup plus que la gestion des informations d'authentification.Il est souvent nécessaire de modifier ou de retirer l'autorisation d'un utilisateur: cela se fait en modifiant ou en supprimant les règles d'accès correspondant sur le système. Utilisation de l'autorisation atomique est une alternative à la gestion par système d'autorisation, où un tiers de confiance distribue des informations en toute sécurité l'autorisation.

2.2 *Type de contrôle d'accès*

Comme on a vu la définition d'autorisation, on doit spécifier les types de contrôle d'accès :

- **Role-Based Access Control** (RBAC): un modèle de contrôle d'accès à un système d'information dans lequel chaque décision d'accès est basée sur le rôle auquel l'utilisateur est attaché. Un rôle découle généralement de la structure d'une entreprise. Les utilisateurs exerçant des fonctions similaires peuvent être regroupés sous le même rôle. Un rôle, déterminé par une autorité centrale, associe à un sujet des autorisations d'accès sur un ensemble objets.

- **Context-based access control**(CBAC): permet d'associer des permissions de contrôle d'accès avec les contextes où les utilisateurs font fonctionner et les utilisateurs acquérient ou perdent leurs autorisations lors de la traversée d'un contexte spécifique. Contrairement aux solutions de contrôle d'accès traditionnels où l'identité d'utilisateur / rôle déclenche l'évaluation des politiques lors d'une demande d'accès aux ressources.

- **lattice-based access control** (LBAC): un lattice est utilisé pour définir les niveaux de   sécurité qui ont un objet peut avoir et un sujet peut avoir le droit d'accès. Le sujet est seulement autorisé à accéder à un objet si le niveau de sécurité de l'objet est supérieur ou égale à celle de l'objet.

- **organization-based access control** (OrBAC): Les approches actuelles de contrôle d'accès basées sur les trois entités (sujet, action, objet) pour contrôler la politique d'accès précise que certains sujet a la permission de réaliser une action sur certains objOrBAC, lesquelles permet au concepteur de la politique de définir une politique de sécurité indépendant de la mise en œuvre. La méthode choisie pour atteindre cet objectif est l'introduction d'un level abstrait, etc. *figure 2.1*

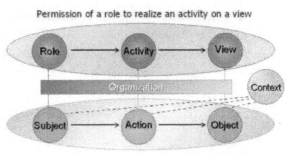

Figure 2.1

2.3 *Exsistant contextes (GPRS / IMS)*

L'attachement au réseau en bref

Les processus du réseau attachement (i .e, ID de utilisateur et un liant adresse IP allouée) sont des IP-CAN spécifiques et sont effectuées dans les réseaux NGN ou GPRS / UMTS nœuds d'accès. De même, le processus duRéseau Admission qui autorise l'utilisation de ressources pour l'utilisateur en particulier et du type de sessions sont exercées dans les *bearer servers* respectifs.

Le 3GPP fonction d'admission réseau s'appuie sur les informations stockées de manière sécurisée au sein de l'UE firmware. Cela comprend ni seulement l'identificateur unique d'équipement, mais aussi une sécurité de client, une liste de nœuds d'entrée joignables au réseau parrering, ANF procédures d'authentification. Le SGSN et GGSN interagir avec la station mobile (*handset*), les fonctions, en utilisant la carte USIM ou indentities ISIM, admission sur le réseau est effectuée au niveau des noeuds UMTS. Le contexte PDP fournit un *bearer* pour la boîte de dialogue initiale, après l'UMTS détermine l'identité de l'UE et effectue la gestion de localisation.

L'admission initiale dans le NGN (selon TISPAN) est initiée par *Access Manager Function* (AMF). L'UE dans le NGN se connecte via un nœud statique ou CPE, tels que les modems résidentiels ou passerelles ou des IAD (Integrated Access Devices). Les adresses de ces noeuds sont généralement connues de réseau par la préconfiguration ou sont inscrits pendant l'installation. Les utilisateurs nomades se fixent de façon dynamique à ces gareways, et obtentient de leur adresseIP temporaire à partir de listes préconfiguré ou via un serveur réseau DHCP. Le serveur de point d'accès permet seulement la communication ressricté pour le but de la période initiale de signalisation. [5]

Au niveau IP-CAN, pour l'identification des équipements et procédures initiales *handshake,* et l'attachement au réseau avec une adresse IP valide, cette niveau d'admission st effectuée par le point de fixation d'accès WiFi ou GPRS, telle que définie par l'IEEE et IETF. L'authentification des utilisateurs pour le réseau d'accès WLAN peuvent être effectuées en utilisant des installations ou 3GPP NGN serveurs. Ensuite, l'autorisation pour l'accès à l'IMS est effectuée sur les serveurs de base de IMS, S-CSCF et HSS / UPS.

2.3.1 **GPRS**

Le **General Packet Radio Service** ou **GPRS** est une norme pour la téléphonie mobile dérivée du GSM permettant un débit de données plus élevé. On le qualifie souvent de 2,5G. Le G est l'abréviation de *génération* et le 2,5 indique que c'est une technologie à mi-chemin entre le GSM (2e génération) et l'UMTS (3e génération).

Le GPRS est une extension du protocole GSM : il ajoute par rapport à ce dernier la transmission par paquets. Cette méthode est plus adaptée à la transmission des données. En effet, les ressources ne sont allouées que lorsque des données sont échangées, contrairement au mode « circuit » en GSM où un circuit est établi – et les ressources associées – pour toute la durée de la communication.pour cette partie là, on fait l'accènt à la gestion de mobilité dans le GPRS.

2.3.1.1 Notion d'états dans le GPRS

Dans le GSM, le terminal mobile peut se trouver dans l'un ou l'autre des deux états ou mode suivants :

- Le mode IDLE, dans lequel le terminal mobile écoute les canaux de diffusion (dits BCCH dans la littérature GSM), il ne possède pas de canal propre ;
- Le mode DEDICATED, dans lequel un canal bidirectionnel est alloué à un terminal pour ses besions de communication en lui permettant d'échanger des infotmations point à point avec le sous-système radio GSM de façon bidrectionnelle.

Dans le cadre de la gestion de la mobilité pour le GPRS, trois états de mobilté sont associés à un terminal mobile :

- IDLE : le terminal est en veille, inactif ;
- STANDBY : le terminal est dans un état intermédiaire dans lequel il est prêt à émettre et recevoir des données ;
- READY : le terminal émet ou recoit des communications.

Ces états sont correspondent à un certain niveau de fonctionnalité et d'information allouées (localisation, routage).

Les informations relatives à la mobilité d'un abonné constituent un contexte de gestion de mobilité appelé « contexte MM », MM signifiant *Mobility management.*

Les contextes MM sont gérés au niveau du terminal et du SGSN. [16]

2.3.1.2 La définition de contextes

> *Role et utilité d'un contexte*

14

Dans le cadre de la gestion de mobilité du GPRS, on définit la notion de contextes.les contextes introduit dans le GPRS sont liés à l'ensemble des informations caractéristique d'un abonné relativement à :

- Sa mobilité, contexte MM (MM pour *mobily management*) ;
- Ses données, contexte PDP (PDP pour Packet Data Protocol).

Contexte MM

Plus pqrticulèrement, le contexte MM contient tous les paramètres liés à la gestion de la mobilité (comme des informations de localisation), au terminal mobile et à la sécurité (notamment l'autentification).

Ceux-ci seront transmis entre les SGSN au cours d'une mise à jour de zone de routage inter-SGSN .comme exemples d'élément constituant le contexte MM, on peut citer :

- L'IMSI et le P-TMSI (qui permettent d'identifier l'abonné) ;
- L'état de mobilité de l'abonné (IDLE, STANDBY ou READY) ;
- L'identifiant du SGSN (qui est l'adress SS7 du SSGN servant le terminal mobile actuellement). [17]

Contexte PDP

Un abonné GPRS en mode point à point peut utiliser une ou plusieurs adresses PDP.Chaque adresse PDP est décrite par un contexte PDP dans le terminal mobile, le SGSN et le GGSN .Le contexte PDP est lié aux données et regroupe des informations de routage vers le GGSN qui sera utilisé par le terminal mobile.

Il contient les paramètres de la gestion de session, définis relativement à l'adress PDP alloué à l'utilisateur et que celui-ci utilisé pour cette session GPRS.Il est anisi composé d'un ensemble d'information pour le routage vers le GGSN.

UN contexte PDP doit etre créé afin aue l'abonée puisse émettre ou resevoir des données. Chaque contexte PDP existe indépendamment dans un des deux états PDP (INACTIF ou ACTIF). L'état PDP indique si l'adresse PDP est activée pour le transfert de données ou non.

Un abonné est caractérisé par un contexte MM, auquel sont associés tous ses contextes PDP.

Le contexte PDP est lié fortement au protocle utilisé (IP ou X.25) et contient des informations comme :

- Le type PDP (c'est-à-dire le type de réseau paquet auquel l'abonné veut se connecter) ;
- L'adresse PDP (par exemple X .121) ;

- L'*access point Name* (APN) ou descripteur de point d'accès au réseau externe de données par paquets ;
- D'autre paramètre, comme la qualité de service.
- Il est possible d'associer plusieur contextes PDP à un IMSI.

> *Dans le terminal mobile*

Chaque terminal mobile GPRS maintient des contextes MM et PDP, quel que soit l'état dans lequel il est :
IDLE, STANDBY ou READY.
Le terminal GPRS est enrgistré :
- Son état (IDIE, STANDBY ou READY) ;
- Son identité GPRS (P-TMSI) ;
- Des informations de localisation (l'identité de la zone de routage et de la cellule dans lesquelles il se trouve actuellement) ;
- Des informations de sécurité ;
- Le type PDP ;
- L'adresse PDP ;
- L'état PDP (INACTIF ou ACTIF) ;
- La qualité de service.

> *Dans le SGSN*

Chaque SGSN maintient des contextes MM et PDP pour le terminal mobile lorsque celui-ci est dans les états STANDBY et READY. [17]
En plus des identificateurs de l'abonné (IMSI, P-TMSI, IMEI), le SGSN enregistre :
- La zone de routage ;
- L'identité de la cellule ;
- Le numéro du VLR ;
- L'adress du SGSN pour connaitre la localisation précise de l'utilisateur GPRS ;
- Des informations liées à la sécurité (triplets d'authentification, algorithme de chiffrement) ;

- Des informations liées au contexte PDP (le profil de qualité de service, le nom du point d'accès…).

> *Dans le GGSN*

Le GGSN ne contient pas de contexte MM mais il enrgistre les contextes PDP actifs.
Il détient donc :

- L'identificateur des abonnés(IMSI) ;
- Le type PDP ;
- L'adresse PDP ;
- L'adresse du SGSN (qui permet de connaitre la localisation du terminal mobile).

> *Dans le HLR*

La déclaration d'un abonné GPRS est réalisée dans le meme HLR que celui du réseau GSM. Le HLR enregistre les données d'abonnement pour les utilisateurs GPRS, c'est-à-dire les contextes MM et PDP :

- L'identificateur de l'abonneé(IMSI) ;
- Le numéro d'abonné(MSISDN).
- Le numéro et l'adress du SGSN ;
- Le type et l'adresse PDP ;
- Le profil de qualité de service ;
- Le nom du point d'accès au réseau extérieur(APN) ;
- Les informations relatives au routage.

> *Dans le MSC /VLR*

Le MSC /VLR doit enregistrer le numéro du SGSN gérant le terminal attaché au GPRS qui est aussi attaché au GSM. Le MSC /VLR enrgistre donc pour chaque IMSI le numéro du SGSN concerné par ce terminal.

2.3.1.3 Proédures Attach

Attach ou comment un terminal se déclare sur le réseau GPRS

Pour pouvoir accéder aux services GPRS, le terminal doit d'abord signifier sa présence au réseau à l'aide d'une procédure appelée **GPRS Attach.**Un lien logique est établi entre le terminal mobile et le SGSN.

Ceci correspond à la phrase de déclaration du terminal mobile au réseau GPRS, c'est-à-dire pendant laquelle le SGSN établit un contexte de mibilité (contexte MM) contenant les informations relatives à la mobilité et à authentification pour ce terminal mobile. L'utilisateur a alor accès au service SMS via le GPRS, au service de paging via SGSN, et au service de notification de données GPRS à recevoir.

Un terminal mobile qui est rattaché aux réseaux GSM et GPRS, va effectuer une procédure IMS Attach via le SGSN à l'aide des procédures mise à jour de zone de routage et mise à jour de zone de localisation combinéés.

Au contraire, un terminal qui n'est pas rattaché au GPRS (mais seulement au réseau GSM), effectue une procédure IMSI Attach de la meme façon que dans le GSM.dans la procédure GPRS attach, le terminal doit fournir son identité (P-TMSI ou IMSI) et une indication sur le type d'attach qui doit etre exécuté.les parametre P-TMSI et *Routeting Area Indentity (RAI)* doivient etre fournis si le terminal mobile disponible d'un P-TMSI valide, sinon il foutnit son IMSI.

Une fois la procédure GPRS Attach effectué, le terminal mobile se trouve dans l'état READY et les contextes MM sont établis dans le terminal et dans le SGSN.Le terminal peut alors activer les contextes PDP.

Le numéro du SGSN est enregistré dans le HLR pour cette localisation particulière du terminal.De ce fait, des changements des données de l'abonné peuvent etre communique au SGSN.

Si de nouvelles données concernant l'abonné sont reçues par le SGSN et si le terminal mobile est attaché au GPGS, le SGSN peut, si nécessaire, demander au terminal d'effectuer à nouveau un GPRS Attach. De meme, de nouvelles activations de contexte PDP peuvent etre demandé afin que les nouvelles données de l'abonnée soient prise en compte. [15]

La *figure 2.2* présente les procédures GPRS Attach et IMSI Attach combinées.

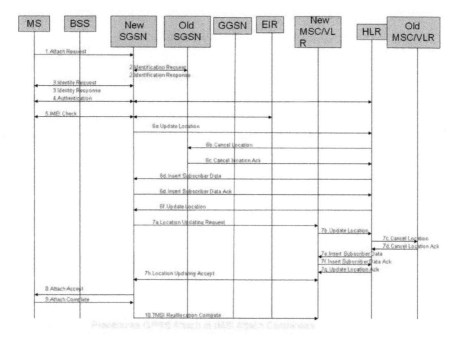

Figure 2.2

Activation d'un contexte PDP

Pour echanger (envoyer et recevoir) des données GPRS avec un terminal distant, le terminal mobile doit activer un contexte PDP .L'activation de contexte PDP constitue donc la deuxième phase de la procédure d'attachement du terminal au réseau GPRS.

La procédure d'activation de contexte PDP, *PDP Context Activation,* déclenchée par le terminal mobile, lui permet d'etre connu de la passerelle d'interconnection GGSN concernée.

Au cours de cette procédure, le terminal mobile communique au réseau GPRS, le point d'accès au réseau externe auquel il souhaite se connecter.Le SSGN vérifie que le terminal est bien autorisé à activer ce contexte.Finalement, le SGSN établit un contexte PDP.Un GGSN est sélectioné et une négociation de QoS est engagée.La communication entre le réseau GPRS et le Réseau de donné externe peut alors avoir lieu.

Cette procédure d'activation de contexte PDP est complétée par les procédures *PDP Contexte Motification* et *PDP Contexte désactivation* qui permetent resperctivement de modifier et désactiver les contextes PDP.Ces fonctions sont importantes pour le routage et le transfert des paquets de données. [5]

19

La procédure d'activation de contexte est effectuée à l'initiative du terminal mobile, et de manière optionnelle à l'initiative du réseau GPRS(GGSN).Dans ce dernier cas, la procédure s'appelle *Network requested PDP context Activation.*Elle est exécutée losrque, par exemple, aucun contexte PDP n'est activé alors que le GGSN reçoit des données en provenance d'un réseau de données paquet externe à destination du terminal mobile.Le GGSN peut alors demander au terminal mobile d'exécuter une demande d'activation de contexte PDP.

Cette fonction est optionelle et doit etre associée à un contexte PDP défini lors de l'abonnement au service GPRS.Pour les procédures d'activation de contexte PDP, le terminal est dans un état READY ou STANDBY.

La *figure 2.3*nous dit les démarches quand un utilisateur vext accéder à Internet

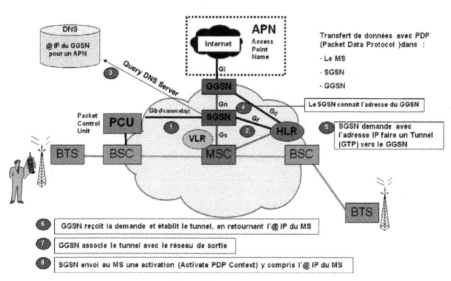

Figure 2.3

- protocole de l'interface *Gb,* définie entre un BSS/PCU et un SGSN, supporte les donnés applicative et le message de signalisation, il est raccord à un réseau en Relais de Trame.
- Gr Cette interface est difinie entre le SGSN et le HLR pour des échanges de données liées aux profils de données des abonnés et à la gestion de la mobilité par exemple ;
- l'adresse du SGSN pour connaitre la localisation précise de l'utilisateur GPRS avec DNS.
- Interface Gi définie entre le GGSN et le réseau de données paquet externes permet les échange entre le réseau GPRS et le monde extérieur ; et Gn est définie entre deux noued GPRS (SGSN ou GGSN) appartenant au meme réseau PLMN GPRS.les messages IP,

X .25 ou MAP sont transporté entre les nœuds GPRS par tunnelling grace au protocole GTP.

- Le SGSN connait l'adresse du GGSN, SGSN demande avec l'adresse IP faire un tunnel(GTP) Ver le GGSN.
- GGSN reçoit la demande et établit le tunnel, en retournant l'@ IP du MS
- GGSN associe le tunnel avec le réseau de sortie
- SGSN envoi au MS une activation (Activate PDP Context) y compris l'@ IP du MS (*figure 2.2*)
- Initialisation du PDP Contexte Dans GGSN
- Creation du Tunnel GTP et interface TLLI (Temporary Logical Link Identifier)
- NSAPI et IMSI utilisé pour assigner un TEID (Tunnel End Point Identifier)
- Relation entre SGSN st MS, le SGSN sait vers quel @ router le data du MS

2.3.2 IMS

2.3.2.1 Le service d'autorisation d'IMS

L'autorisation pour utiliser les réseaux de services, tels que l'IMS et les applications qui sont contrôlées par l'IMS, est accordée lorsque l'utilisateur s'enregistre à IMS avec succès.

Pour l'entrée dans le service d'IMS, le P-CSCF adresse est publié en tant que le point d'entré, Access Node, dans le NASS ou du GSN (GPRS Support Node), détient des listes configurée en interne de serveurs de P-CSCF disponibles. Ils fournissent l'aderesse de P-CSCF avec un numéro de port ou une liste de FQDNs pour les cas de remplacement de serveurs de P-CSCF., Également fourni est le serveur DNS local adresse qui peut résoudre les noms de domaine en adresses IP unique. L'UE peut demander une adresse d'un serveur DNS IPv4 selon les RFC 2132 et 3361 ou un serveur DNS IPv6 selon RFC 3315 et 3319. [6]

Dans NGN, tels que définis par TISPAN, le NASS est responsable de la découverte de services, avec l'aide d'DHCP et les serveurs DNS locaux et agissant comme serveurs de configuration du réseau respectivement. Mobile en 3G, l'UMTS est impliqué dans la conclusion de la P-CSCF disponibles, à travers des listes préconfigurée qui comprennent les adresses IP ou des noms logiques.

Le P-CSCF agit comme une porte d'entrée dans le réseau à partir du côté de l'accès des utilisateurs, tant pour les utilisateurs à domicile et les utilisateurs *roaming*, et pour les utilisateurs mobiles et fixes d'IMS. Lorsque le processus de découverte de résultats en plusieurs P-CSCF serveurs offerts à l'UE, le P-CSCF est sélectionné par le biais du serveur intégré dans les politiques de réseaux ou des mécanismes de préconfiguration. Pour les utilisateurs *roaming*, le P-CSCF transmet l'appel à *Home Network border entry point*.This point d'entrée peut être le Home I-CSCF ou un IBCF avant d'atteindre le *Home session controller*(S-CSCF). [7]

2.3.2.2 *Bearer* autorisation

Établissement de session et la modification de l'IMS comporte une bout-en-bout d'échange de messages utilisant le protocole SIP et SDP. Au cours de l'échange de messages, UEs négocier un ensemble de caractéristiques de médias (par exemple, commune codec (s)). Si l'exploitant applique le SBLP, le P-CSCF transmettra les informations pertinentes de SDP au PDF avec l'indication de l'expéditeur. Le PDF autorise le flux IP des composants de médias qui sont choisichoisis par *mapping* à partir de paramètres SDP pour autoriser les paramètres de QoS de IP pour transferer vers le GGSN via le Go l'interface. [8]

Lorsque l'UE est en train d'activer ou modifier d'un contexte PDP pour les médias.il doit effectuer
son propre mappage, depuis les paramètres SDP et des demandes d'application dans une certaine de paramètres de QoS de l'UMTS. PDP contexte d'activation ou modification seront également contient les jetons d'autorisation reçue et les identificateurs de débit comme les informations de liaison.

Sur réception de l'activation ou la modification du contexte PDP, le GGSN demande d'informations d'autorisation provenant de PDF. Le PDF compare les informations reçu avec les informations d'autorisation stockées et renvoie une décision d'autorisation. Si les informations de liason sont validée comme corrects, puis le PDF communique les détails de l'autorisation des médias dans la décision à la GGSN. Ces détails contiennent les paramètres d'IP QoS et les classificateurs de paquets liés au contexte PDP.

Le GGSN mappe les paramètres de QoS IP autorisée pour les paramètres de QoS UMTS autorisées et, enfin, le GGSN compare les paramètres de QoS UMTS contre les paramètres de QoS UMTS autorisées du contexte PDP. Si les paramètres de QoS UMTS à partir de contexte PDP demandé dans les limites autorisées par le PDF, puis le PDP contexte activation ou de modification sera acceptée. *Figure 2.4* montre cette fonctionnalité et le PDF est affiché comme une partie de la P-CSCF pour la simplicité. Quand un PDF standalone existe, alors la P-CSCF doit mapper SIP / SDP informations de signalisation pour de s'approprier des éléments d'information Diamètre et d'envoyer une demande de Diamètre appropriée au PDF via le point de référence Gq.

De la *figure2.4* on peut trouver deux phases différentes: autoriser les ressources de QoS (étapes 1-6) et de réservation de ressources (étapes 7-14).

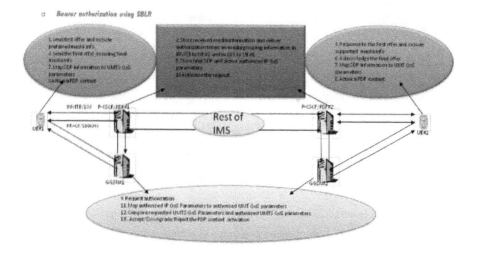

Figure 2.4

Dans le démarche 2, on a une notion *authotization token*, Mais, qu'est-ce qu'une *authotization token*?

- Il s'agit d'un identifiant unique dans tous les contextes PDP associé à un nom de point d'accès.
- Il est créé dans le PDF lorsque les données d'autorisation sont crées.
- Il se compose de l'identifiant de session IMS et l'identifiant de PDF.
- Sa syntaxe est conforme à [RFC3520].
- Il est livré à l'UE par le biais de [RFC3313].
- L'UE elle regroupe, dans une demande de contexte PDP d'activation ou modification.Le GGSN utilise un identifiant PDF au sein de *authorization token* de trouver le PDF qui détient d'informations de IP QoS aurotisées.
- Le PDF utilise *authorization token* pour trouver les bonnes données autorisées lors de la réception demandes du GGSN.

23

Lorsque SBLP est utilisé dans le réseau, Le P-CSCF a besoin d'envoyer des informations pertinentes obtenus à partir de SIP / SDP session de signalisation pour le PDF. Cette information est utilisée dans le PDF pour prendre une décision d'autorisation de la demande reçue via la référence Go point. En outre, le P-CSCF a besoin d'obtenir une *authorization token* et *GPRS charging identifier* des fins de tarification de corrélation. À cet effet, l'AAR et AAA et RAR & RAA paires commande de diamètre sont utilisées.

Après avoir reçu une demande ou réponse de SIPcontenant des informations SDP, le P-CSCF envoie un AAR pour le PDF. L'AAR contient, entre autres éléments de base, informations sur les flux de données multimédia, la politique de réservation de ressources, le transfert d'indication politique, IMS identificateur de chargement, des informations sur l'application utilisée et des informations sur SIP qui bifurquent. Suite à notre exemple, P-CSCF-1 dans la **figure 2.4** proposera d'abord un AAR commande lorsqu'il reçoit une requête SIP INVITE l'UE-1. Cette commande mènera les informations nécessaires pour construire l'information descendante (identificateurs de flux, calculer la bande passante maximum et tirer le maximum de classe de qualité de service autorisé) à la PDF. P-CSCF-1 questions d'autre part une commande de l'AAR lorsqu'il reçoit une réponse progrès de la session 183 d'UE-1. La deuxième commande de l'AAR transporte l'information nécessaire pour construire les informations de liaison montante. Le fichier PDF est désormais prêt à autoriser ensemble de *bearer activation request*.

Au sein d'une commande initiale de l'AAR, P-CSCF pouvez également indiquer si la P-CSCF veut être contactées dans chaque porteur de l'autorisation ou si le PDF peut utiliser informations disponibles pour prendre la décision elle-même (politiques de réservation de ressources). En outre, le P-CSCF peut indiquer qu'il est intéressé à recevoir des indications de perte de la porteuse, valorisation d'actions au porteur ou la libération d'actions au porteur (*indication forwarding policy*). Dans ces cas, le PDF envoie une commande RAR à P-CSCF après avoir reçu un appropriées message du GGSN via le point de référence Go. La commande RAR est reconnue avec une commande RAA. La commande AAR est reconnu avec une AAA commande. Une *authorization token* et/ou *GPRS charging identifier* et/ou *GGSN's IP address* pour P-CSCF sont livrés dans la commande AAA. [8]

2.4 *Exsistant produits (Kerberos / OpenSSO)*

2.4.1 Kerberos

2.4.1.1 Introduction à kerberos

Le protocole Kerberos est issu du projet « Athena » du MIT, mené par Miller et Neuman. La version 5 du protocole Kerberos a été normalisée par l'IETF dans les RFC 1510 (septembre 1993) et 1964 (juin 1996). Le nom « Kerberos » provient provient de la mythologie grecque et correspond au nom du chien (en français « Cerbère ») protégeant l'accès aux portes d'Hadès. L'objet de Kerberos est la mise en place de serveurs d'authentification (*AS* pour *Authentication Server*), permettant d'identifier des utilisateurs distants, et des serveurs de délivrement de tickets de service (*TGS*, pour *Ticket Granting System*), permettant de les autoriser à accéder à des services réseau. Les clients peuvent aussi bien être des utilisateurs que des machines. La plupart du temps, les deux types de services sont regroupés sur un même serveur, appelé Centre de Distribution des Clés (ou *KDC*, pour *Key Distribution Center*). [18]

2.4.1.2 Fonctionnement de Kerberos

Le protocole Kerberos reponse sur un système de cryptographie à base de clés secrètes (clés symétriques ou clés privées), avec l'algorithme DES. Kerberos partage avec chaque client du réseau une clé secrète faisant office de preuve d'identité.

Le principe de fonctionnement de Kerberos repose sur la notion de « tickets » :

- Afin d'obtenir l'autorisation d'accès à un service, un utilisateur distant doit envoyer son identifiant au serveur d'authentification.
- Le serveur d'authentification vérifie que l'identifiant existe et envoie un ticket initial au client distant, chiffré avec la clé associée au client. Le ticket initial contient :
  - une clé de session, faisant office de mot de passe temporaire pour chiffrer les communications suivantes ;
  - un ticket d'accès au service de délivrement de ticket.
- Le client distant déchiffre le ticket initial avec sa clé et obtient ainsi un ticket et une clé de session.

Grâce à son ticket et sa clé de session, le client distant peut envoyer une requête chiffrée au service de délivrement de ticket, afin de demander l'accès à un service.

Par ailleurs, Kerberos propose un système d'authentification mutuelle permettant au client et au serveur de s'identifier réciproquement. L'authentification proposée par le serveur Kerberos a une durée limitée dans le temps, ce qui permet d'éviter à un pirate de continuer d'avoir accès aux ressources : on parle ainsi d'anti re-jeu.

2.4.1.3 Sécurité de kerberos

Une fois qu'un client s'est identifié, celui-ci obtient un ticket (généralement, un fichier texte - mais son contenu peut aussi être stocké dans une zone de mémoire sécurisée). Le ticket joue le rôle d'une carte d'identité à péremption assez courte, huit heures généralement. Si nécessaire, celui-ci peut être annulé prématurément. Sous les systèmes Kerberos comme celui du MIT, ou de Heimdal, cette procédure est généralement appelée via la commande « *kdestroy* ».

La sécurité de Kerberos repose sur la sécurité des différentes machines qu'il utilise. Une attaque sur le serveur de clés serait dramatique car elle pourrait permettre à l'attaquant de s'emparer des clés privées des clients et donc de se faire passer pour eux. Un autre problème qui pourrait survenir sur la machine du client est le vol des tickets. Ils pourraient être utilisés par une tierce personne pour accéder aux services offerts par les serveurs (si la clé entre le client et le serveur est connue).

L'expiration du ticket permet de limiter les problèmes liés au vol des tickets. De plus, les tickets contiennent l'adresse IP du client et le ticket n'est donc pas valable s'il est employé depuis une autre adresse (ce qui rend d'ailleurs incompatible l'utilisation de Kerberos avec la translation d'adresse). Pour contrer cela, l'attaquant devrait usurper l'IP du client. Une attaque sur les identifiants échouera car Kerberos leur ajoute un élément. Cela évite les attaques par renvoi d'identifiants qui auraient été interceptés. Les serveurs conservent l'historique des communications précédentes et peuvent facilement détecter un envoi frauduleux.

L'avantage de Kerberos est de limiter le nombre d'identifiants et de pouvoir travailler sur un réseau non-sécurisé. Les identifications sont uniquement nécessaires pour l'obtention de nouveaux tickets d'accès au TGS.

2.4.1.4 Limite de kerberos

D'abord, il demande les synchronisations de *host's clocks* concernée.et deuxèmment, sachant à moyen terme, Le protocole d'administration n'est pas standardisé.Le plus inportant, dans le contenu de tiket, on a l'aderess IP pour la sécurité.dans ce cas-là, on ne peut pas réaliter la mobilité du terminal dans notre contexte NGN.

2.4.2 OpenSSO

2.4.2.1 Introduction de l'OpenSSO

Le projet Open Web SSO (OpenSSO), en tant que composant de sécurité dans un reséau donné, fournit des services d'identité essentiels pour simplifier, de manière transparente, l'exécution de la connexion unique (SSO). OpenSSO fournit les bases pour l'intégration de divers applications Web fonctionnant sur un grand nombre de référentiels d'identités différents, installé sur différentes plates-formes, telle que des serveurs Web et des serveurs d'application. Ce projet est fondé sur le code source de Sun Java^{TM} System Access Manager, un produit d'infrastructure d'indentité, fournit par Sun Microsystems. [9][19]

2.4.2.2 Fonctionnement d'OpenSSO

Nous allons nous intéresser à la gestion de l'authentification unique et des autorisations. Pour authentifier l'utilisateur et pouvoir proposer sespropriétés à une application cliente, Access Manager utilise un cookie dénommé *iPlanetdirectoryPro*. Ce cookie va permettre de récupérer le *SSOToken*, un objet Java contenant des attributs de l'utilisateur (identifiant, rôles, organisation…).voici le *figure2.5* des principes de fonctionnement WebSSO. [10][20]

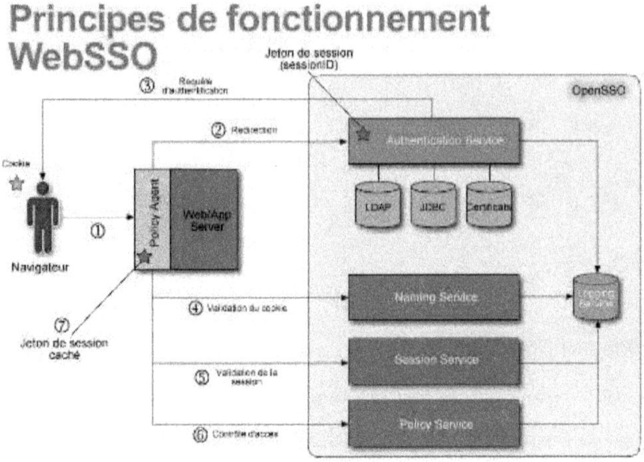

Principes de fonctionnement
WebSSO

Figure 2.5

Authentification unique

Le principe de l'authentification unique est le suivant :

– Un « **agent** » est installé sur le serveur d'application àprotéger. Son but est d'intercepter la requête du client et de dialoguer avec *Access Manager* pour vérifier si l'utilisateur a le droit d'accéder à la ressource qu'il demande et de répondre en conséquence au client.

– Sur Access Manager est définie une liste de« **politiques** ». Ces politiques décrivent les droits d'accès aux ressources en fonction du statut de l'utilisateur, de ses rôles, de son rattachement...

Policy Agent

Sun Microsystems propose un ensemble d'agents, librement téléchargeables, avec interface d'installationgraphique qui simplifie grandement le travail. Le lecteur peut consulter sur internet les sites :

http://www.sun.com/download/index.jsp?cat=IdentityManagement&tab=3&subcat=Policy Agents https://opensso.dev.java.net/public/agents.html afin d'obtenir les agents disponibles.

En dehors des serveurs d'applications les plus courants (Apache, Tomcat, IIS, JBoss, Oracle, SAP...) pour lesquels Sun propose des agents, il est toujours possible d'en développer de nouveaux ou d'utiliser les APIs fournies (java ou C). Étant donné la richesse des fonctionnalités d'OpenSSO, ce développement est plus complexe qu'avec CAS. [11]

Politique

Une politique est composée de **règles** (une url à protéger, un service, un profil d'utilisateur, un Web Service...), de **sujets** (des utilisateurs, les membres d'un rôle, un groupe LDAP, les membres d'une organisation...) et de **conditions** (la méthode d'authentification utilisée, l'adresse IP du client, l'heure...).

Access Manager décide si, selon l'url demandée, il autorise ou non l'utilisateur connecté à y accéder. Ni l'agent, ni l'application ne gèrent les droits de l'utilisateur. Ce mode est **non intrusif**.

2.4.2.3 Limites et point forts

Access Manager intègre un système de partage de sessions entre un ensemble de serveurs d'authentification faisant partie d'un cercle de confiance. Ceci lui permet, d'avoir un procédé réparti d'authentification et d'habilitation des accès à l'ENT et à ses applications externes. La brique Message Queue permet le stockage partagé des sessions et donc leur récupération même après un crash. Il supporte donc la redondance, la montée en charge et les tolérances aux pannes. Il est tout à fait à sa place dans une solution de haute disponibilité.

Cependant, OpenSSO souffre pour le moment d'une limitation dans le fait que les agents, briques nécessaires à la mise en place du SSO, ne sont pas disponibles pour toutes les plates-formes de serveurs d'applications.Exemple : le serveur WebObject sur Mac OS.

D'un autre côté, OpenSSO étant maintenant dans le monde du logiciel libre, on ne peut qu'espérer que les solutions et remèdes à ce problème arriveront sans tarder, par l'effort de la communauté, non seulement universitaire, mais aussi par celle du logiciel libre.

Pour l'aspect sécurité, OpenSSO fonctionne sur un cookie lié au domaine, dans le sens DNS. Celui-ci ne peut être propagé lorsque le service que l'on désire fournir est dans un autre domaine que celui du gestionnaire d'accès. Le *Cross Domain SSO* permet de prendre en compte de façon maîtrisée l'aspect multi-domaine.

Chapter 3

Le comment

3.1 *Le SE authorisation*

3.1.1 **Reconstituer Service element (SE)**

Pour garantie le "user centric", la mobilité, l'hétérogénéité de le context UBIS. La reconstituit du SEs est une nécessité afin d'assurer la coposant de service dynamisme et efficace. Par conséquent, la SE devrait être reconstitué afin de se conformer à caractéristiques spécifiques comme la réutilisation, la mutualisation, l'autonomie, l'autogestion et l'interopérabilité.

Tout d'abord, la mutualisation est un aspect laquelle devraient se conformer. Elle reflète la capacité de le SE pour traiter toute demande de service de n'importe quel VPSN et n'importe quel utilisateur. Le SE mutualisable est capable de partager sa ressource simultanément parmi d'autres utilisateurs sans avoir obligation des contraintes spécifiques. Pour garantir cet aspect, la SE devrait pas exiger une Etat ou d'informations relatifs à des clients quand ils sont invoquées. Cela est possible si le SE sont *stateless*. Ainsi ils peuvent être utilisés et partagés entre plusieurs VPSN qui les rendent mutualisable. Cette caractéristique nous entraîne d'avoir SE ubiquité qui peuvent être déployées dans n'importe quel environnement. Ceci est possible d'après les fonctions de mutualisation, nous choision pour les SE pour les SE qui sont indépendants de tout contexte. Cette serviceubiquity est très important pour assurer une plus grande satisfaction des utilisateurs, car lors du passage d'un environnement à un autre, il peut toujours l'accès à ses services. Cette ubiquité des services est très cruciale pour assurer une plus grande satisfaction des utilisateurs, car lors du passage d'un environnement à un autre, dans le cas ou il peut toujours l'accès à ses services.

Pour la composition de services dynamiques, cette fonction est cruciale en utilisant les SE mutualisable, il n'y a aucune contrainte de limiter l'utilisation d'un tel SE dans n'importe VPSN autre que la capacité de la SE. Cela conduit la possibilit éde l'utilisation des SEs différents qui est fournis par différents de service providers (SP). Par conséquent, on peut passer d'un SE à l'autre parmi les SPs déployé différent. Lesquelles rend la composition des services dynamique plus efficace.

30

Par ailleurs, SES devrait être autonome. Cet signifie que, pour assurer à ses fonctionnalités, un SE ne doit pas être dans le besoin à d'autres SE. Cette l'indépendance entre les différents SE possède de nombreuses avantages. En fait, avec SES autonome, nous pouvons remplacer un composant de service dégradé sans avoir détruit les autres SEs.

L'interopérabilité est une autre caractéristique importante que nous devons prendre en compte lors de la conception SE. Il est défini dans la norme ISO / CEI 2382-01 comme *"the capability to communicate, execute programs, or transfer data among various functional units in a manner that requires the user to have little or no knowledge of the unique characteristics of those units"*.coopération entre les SEs est très importante.

Pour avoir une composition de services dynamiques, nous devrait avoir une idée sur l'état de la différents SE. Ceci est très important parce que le remplacement d'un SE par un autre peut être déclenché par une dégradation de QoS. Par conséquent, chaque SE devrait être capable de contrôler ses propres paramètres de QoS en caractérisant son état. Cette fonctionnalité est activée par la conception autogérée des SEs. [7]

3.1.2 **Modèle de BBM**

Comme nous l'avons expliqué dans le paragraphe précédent, on devrait concevoir les SE de telle manière que des garanties son autonomie. Nous proposons de modéliser la SE en utilisant une «boîte noire» pour le réaliser. ***Figure 3.1*** .En conséquence, on définit pour chaque SE, un paramètre d'entrée et sortie génériques qui facilitent l'utilisation de la SE dans toutes les VPSN parce que nous n'avons qu'à spécifier des valeurs pour les paramètres d'entrée.

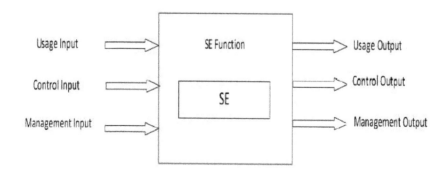

Figure 3.1

Cette modèle de "boîte noire" peut être utilisé afin de définir la façon d'interagir avec les SE, à tout niveau. En fait, pour chaque SE, on peut distinguer 3 niveaux:

- Niveau d'utilisation: il contient les principales fonctions fournis par la SE aux abonnées.
- Niveau du Contrôle : il contient toutes les opérations nécessaires permettant le contrôle de la SE. Comme exemples de ces opérations que nous pouvons mentionner: l'activation, désactivation, provisionnement ...
- Niveau de la gestion: il contient tous les fonctions relatives à l'auto-gestion (Surveillance de la qualité de service, gestion de QoS contrat).

3.1.3 Le design de SE d'autorisation

Le SE d'autorisation donne aux utilisateurs la capacité de définir des règles d'accès précisant qui peut accéder à leurs informations personnelles (localisation, état ...). Utilisateurs ou des applications qui désiraient d'accéder à ces informations, devrait utiliser ce SE, afin d'avoir autorisation.

Voici la Modélisation par BBM du composant de sécurité d'autorisation. *Figure 3.2*

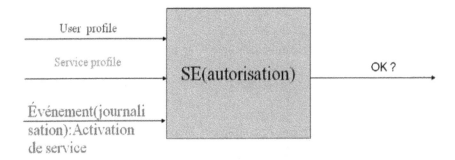

Figure 3.2

Après avoir l'authentification réussie, on peut activer le SE autorisation pour aurotiser les services par le niveax de controle.dans le niveux de utilisation, on peut avoir les *inputs* de data flux (profile de l'utilisateur et profile le service).si on arrive à profiter le service que l'utilisateur demande,on peut avoir une valeur de boolean .le type de boolean peut avoir deux valeur TRUE ou FALSE,si c'est TRUE on peut avoir OK comme output pour dire vous avez autorisé d'utiliser ce service .sinon,le service est filtre ,et vous n'avez pas autorisé.Par exemple,si je vais regarder le video de youtube,le fournisseur de youtube offre les service de video pour les personne qui est supérieur à 18 ans,donc ,on peut avoir

User profile attribute:nom, age,.......,

Règle de *service profile* : age>18,

Autorisation>18 ?

Après les opérations dans le SE autorisation on peut avoir le résuletat si j'ai le droit de regarder le video.

Donc, on doit définir les opérations dans le BBM, comme l'input de profile de utilisateur et le profile de service sont les docment XML, la première opération est extaiter les XML de *user profile et service profile*

Ensuite, parce que les informations extraité dans les XML ne sont pas toute utilise, comme exemple q'avait mentionné, (*Figure 3.3*) la seule information que l'on va utiliser c'est l'age.donc, la deuxème information c'est chercher (*research*) pour trouver les informations utile. Et, la dernière c'est que, d'après les règles (age supérieur à 18 ans dans l'exemple), on doit faire l'opération de comparaision (*match*) ou flitre pour savoir si l'autorisation est réussie ou pas.dans notre contexte, on va réaliser tout les autorisations des services selon q'une SE d'autorisation, donc on doit difinir et généraliser les règles pour convenir l'état que si l'on va profiter un ou plusieurs services suplémmentaies par les meme opérations que l'on avait définies.

33

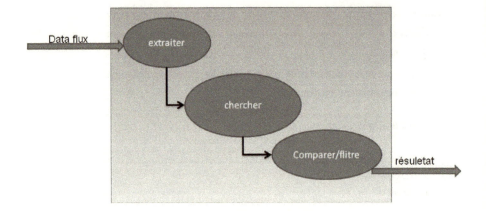

Figure3.3 : opération dans le SE d'autorisation

3.2 *Démonstration OpenSSO (possibilités et limites)*

3.2.1 **Pourquoi OpenSSO**

OpenSSO est conçu pour fournir des services d'authentification, d'autorisation et de gestion de sessions pour les applications Java, les applications Web et les applications orientées services. Il fournit aussi des services de fédération d'identité.Access Manager permet de couvrir de nombreux besoins de notre environnement et offre de multiples possibilités d'évolution et d'intégration. Parmi les fonctionnalités les plus marquantes, citons :

Authentification, autorisations et journalisation

A ce niveau, nous avons la possibilité d'associer à un utilisateur un ensemble de services par rapport à ses fonctions (rôles) ou à son appartenance à une entité (organisation), ainsi qu'un mode d'authentification. Il est fourni avec un grand nombre de modules d'authentification déjà intégrés : LDAP bien sûr, mais aussi Active Directory, Certificats, JDBC, MSISDN, Radius, SAML (2.0), SecurId, etc. et la possibilité de les chaîner.Le système SSO permettent de gérer les accès à des applications autant qu'à des pages Web avec une grande finesse d'administration et un héritage fort. Les systèmes de SSO sont basés sur un modèle client/serveur dont la partie cliente est généralement incluse dans l'application (mode intrusif). Il est possible d'éviter cette intrusion dans les applications de type Web par l'utilisation d'un module complémentaire au serveur qui héberge l'application. La suite JES dans laquelle se trouve OpenSSO offre un ensemble d'outils de statistiques et de suivi d'utilisation des services. Il est possible de suivre les taux de fréquentation, le nombre de sessions actives, les temps de réponses moyens du portail, etc. mais aussi, les créations de sessions, les appels SSO, les politiques d'accès... [12]

Administration fine et dynamique

Une gestion hiérarchique des entités et des utilisateurs est possible grace au mécanisme de délégation. La notion de rôle avec priorités permet de proposer très finement des services aux utilisateurs selon leur appartenance à une entité, à une fonction, à un groupe... Côté gestion du système une console d'administration permet de gérer les différents paramètres, les identités, et d'administrer les différentes briques de la suite logicielle comme le portail. [13]

Haute disponibilité

La possibilité de rendre l'ensemble des briques hautement disponibles avec tolérance de panne. La récupération de session est assurée par *Message Queue* sui n'a pas été retenue pour l'instant.

3.2.2 Configuration de OpenSSO

La partie authentification décrit comment configurer OpenSSO pour l'authentification de l'utilisateur d'après les services d'identité. Dans cette partie-là, un exemple de client application qui utilise encore d'IdSvcsClient construite avec NetBeans IDE, vous pouvez regarder comment configurer OpenSSO plus loins afin de permettre aux utilisateurs authentifiés d'exécuter des tâches pour lesquelles elles ont été autorisées. Vers la fin de cette partie est une section de dépannage. [14][20]

Pour les réaliser, il faut que vous ayez fait ce qui suit:

- Bien préparer le package *IdSvcsClient*.
- Installer the _stable Build 2 of OpenSSO_.

Comme on a define deux clients Alice et bob, on peut créer une groupe pour gérer les prévilège de role,on peut choisir si l'on veut ajouter les clients dans ce groupe.*figure 3.4 ,3.5*

35

Figure 3.4

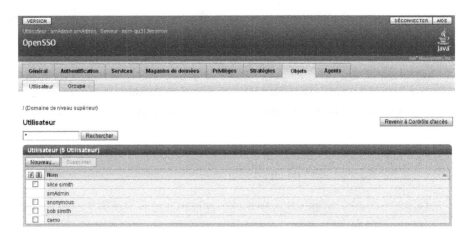

Figure 3.5

Le service d'autorisation comporte deux interfaces. L'un est construit avec Simple Object Access Protocol (SOAP) — qui est une interface de service de Web. L'autre interface est construite avec Representational State Transfer (REST). Le service d'autorisation autorise les utilisateurs en fonction de trois paramètres: resource, action, et subject. Vous pouvez également étendre le mécanisme d'autorisation pour d'autres approches. Ce sujet est cependant au-delà du champ d'application de la présente partie.

Le processus de configuration consiste la création de politique d'autorisation, la création de deux JavaServer Pages (JSP) pages, et à faire des appels d'autorisation soit avec SOAP ou REST.

Création d'une politique d'autorisation

Premièrement, créer une stratégie d'autorisation dans la console d'Administration Manager d'accès pour l'évaluation par OpenSSO, laquelle peut déterminer si l'utilisateur est autorisé à accomplir l'opération demandée sur la ressource cible. Pour plus de détails sur la façon de créer des stratégies en OpenSSO, Voir "Créer des stratégies" dans la partie 4.1,

Contrôle d'accès, dans *Access Manager 7.1 Administration Guide* (PDF).

Voici quelques conseils sur les configurations politiques dans l'écran Edit *Figure 3.6:*

Figure 3.6

- **Général** - entrez un nom de stratégie, par exemple, `test-idsvcs`.

- **Règles**

  o **Type de Service:** Selectionner Agent de stratégie URL (avec le nom de resource).

  o **Nom:** Tapez le nom selon les besoins des l'utilisateur, par example, `test-rule`.

  o **Nom de Resource:** Tapez le nom en fonction des besoins des utilisateurs, par example, `http://localhost:8080/protected`, comme l'example qui accompanie dans cette partie. (*figure 3.7*)

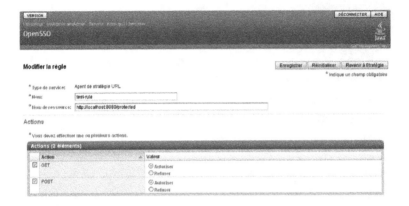

Figure 3.7

- o **Actions:** Sélectionnez votre choix en fonction des besoins des utilisateurs, par exemple, sélectionnez *Autoriser* pour toute les GET et POST.

- **Objets** — Sous Nom, tapez un nom en fonction des besoins des utilisateurs, par example, amadmin ou le login d'un utilisateur de test. (***Figure 3.8***)

Figure 3.8

- **Conditions** — Les paramètres sont optionnels, c'est-à-dire, vous n'avez pas à spécifier les paramètres pour l'exemple fonctionne. Figure 3.9

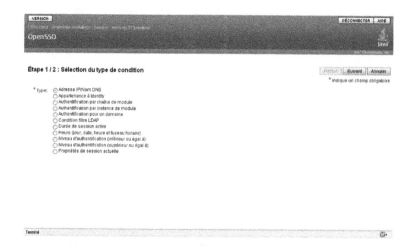

Étape 1 / 2 : Sélection du type de condition

Retour Suivant Annuler

* indique un champ obligatoire

* Type: ⦿ Adresse IP/Nom DNS
        ○ Appartenance à identity
        ○ Authentification par chaîne de module
        ○ Authentification par instance de module
        ○ Authentification pour un domaine
        ○ Condition filtre LDAP
        ○ Durée de session active
        ○ Heure (jour, date, heure et fuseau horaire)
        ○ Niveau d'authentification (inférieur ou égal à)
        ○ Niveau d'authentification (supérieur ou égal à)
        ○ Propriétés de session actuelle

Terminé

Figure 3.9

- **Réponse de Fournisseurs** — équivalentes aux conditions.

Mise en place de pages JSP

Pour mettre en place les deux pages JSP dans le NetBeans IDE pour autorisation:

Ajoutez le code suivant au fichier *authenticate.jsp* pour invoquer le service d'autorisation soit à la SOAP (A noté que dans le code) ou l'interface de REST :

```
[1]      <form name="authorization" action="authorization.jsp" method="POST">
[2]          <input type="hidden" name="token" value=<%= token %> />
[3]          Resource (URL)
[4]          <input type="text" name="resource"
value="http://localhost:8080/protected" size="30" />
[5]          <br>Action
[6]            <select name="action">
[7]            <option>GET</option>
[8]            <option>POST</option>
[9]            </select><br><br>
[10]         Authorize using Web Service (SOAP/WSDL)
[11]         <input type="submit" value="WS" name="auth" /><br><br>
[12]         Authorize using REST
[13]         <input type="submit" value="REST" name="auth" /><br>
[14]         <input type="hidden" name="url" value=<%= ourl %> />
[15]     </form>
```

- Par voie de l'explication —

- The paramètre `token` est le jeton de l'utilisateur qui devient disponible après authentification réussie.

- La valeur pour `resource` peut être n'importe quelle URL ou le nom d'une ressource J2EE.C'est la ressource à laquelle l'utilisateur est autorisé à effectuer des tâches.

- `Action` est les tâches de l'utilisateur qui est autorisé à effectuer sur cette ressource particulière.

- Créer l'autre fichier de JSP, `authorization.jsp`, par right-clicking Pages de Web dans le projet de l'IdSvcsClient et puis choisir New > JSP de le menu contextuel.

- Dans la boîte de dialogue qui affichés, tappez `authorization` comme le nom deJSP.

- Ajouter les code suivant comme le contenu d'`authorization.jsp` pour récupérer le `form` paramètres et pour obtenir les valeurs de les `resource`, `action`, et `token`—les trois paramètres demandés pour invoquer l'interface d'autorisation:

```
[16]    <%
[17]        String type = request.getParameter("auth");
[18]        String url = request.getParameter("url");
[19]        String token = request.getParameter("token");
[20]        String uri = request.getParameter("resource");
[21]        String action = request.getParameter("action");
[22]    %>
```

Faire des appels d'autorisation avec SOAP (Web-Service Interface)

Ensuite, toujours dans l'IDE NetBeans, faire des appels d'autorisation avec SOAP d'`authorization.jsp`:

1. Double-cliquez sur `authorization.jsp` dans le volet gauche pour charger le contenu dans l'éditeur de volet sur la droite.Right-cliquez dans l'éditeur de volet pour le menu de contenu et choisir *Web Service Client Resources > Call Web Service Operation*. Voir *Figure 3.10.*

40

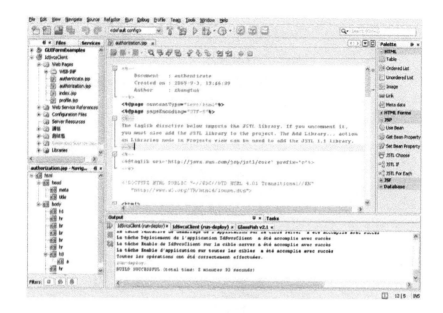

Figure 3.10

2. Selectionez *authorize* sous IdentityServicesImplPort. Voir *Figure 3.11.*

Figure 3.11

Le Netbeans IDE puis ajoute le stub code au fichier d'`authorization.jsp`.

The following code segment shows the rearranged stub code to be executed when you specify WS for authorization. This code also passes the input parameters. Le segment de code suivant montre le stub code réarrangés qui seraient etre exécuté lorsque vous spécifiez WS d'autorisation (voir la section suivante). Ce code passe aussi les inputs paramètres.

```
[23]    try {
[24]        if (type.equals ("WS")) {
[25]            com.idsvcsclient.IdentityServicesImplService service =
[26]                new com.idsvcsclient.IdentityServicesImplService ();
[27]                com.idsvcsclient.IdentityServicesImpl port =
[28]                service.getIdentityServicesImplPort ();
[29]            com.idsvcsclient.Token subject = new com.idsvcsclient.Token();
[30]            subject.setId (token);
[31]            boolean result = port.authorize(uri, action, subject);
[32]            if (result) {
[33]                out.println("Authorization Decision: <b>ALLOWED</b>");
[34]            } else {
[35]                out.println("Authorization Decision: <b>DENIED</b>");
[36]            }
[37]        }
[38]        } catch (Exception e) {
```

42

```
[39]            try {
[40]                e.printStackTrace(new java.io.PrintWriter(out));
[41]            } catch (Exception ex) {
[42]                // Ignore
[43]            }
[44]        }
```

Par la suite, le Netbeans IDE submet l'appel de Web-service avec les valeurs pour les `resource`, `action`, et `token`, et puis affiche le résultat de l'autorisation (Boolean `true` ou `false`) sur le navigateur. En cas d'exceptions, l'IDE affiche la stack trace.

Faire des appels d'autorisation avec REST

Sinon, faire des appeles avec REST, dont l'autorisation de service est déclenchée par l'URI `Authorization`. REST attend trois query paramètres: `resource`, `action`, et `token`. Voici le code de segment considérés:

```
[45]    try {
[46]        if (type.equals ("WS")) {
[47]            ... // Code from above.
[48]        } else if (type.equals("REST")) {
[49]            if (url == null || url.length() == 0) {
[50]                out.println("<h2>Invalid URL: </h2>" + url);
[51]            } else {
[52]                uri = java.net.URLEncoder.encode (uri, "UTF-8");
[53]                token = java.net.URLEncoder.encode (token, "UTF-8");
[54]                url += "/authorize? uri=" + uri +
[55]                    "&action=" + action + "&subjectid=" + token;
[56]                java.net.URL iurl = new java.net.URL (url);
[57]                java.net.URLConnection connection = iurl.openConnection ();
[58]                java.io.BufferedReader reader = new java.io.BufferedReader(
[59]                    new java.io.InputStreamReader (
[60]                    (java.io.InputStream) connection.getContent()));
[61]                out.println("<h2>Successful using REST</h2>");
[62]                String line;
[63]                while ((line = reader.readLine()) != null) {
[64]                    out.println (line + "<br>");
[65]                }
[66]            }
[67]        }
[68]    } catch (Exception e) {
[69]        try {
[70]            e.printStackTrace(new java.io.PrintWriter(out));
[71]        } catch (Exception ex) {
[72]            // Ignore
[73]        }
[74]    }
```

Le code précédent ouvre une connexion HTTP URL et effectue une opération `POST` avec les valeurs de `resource`, `action`, et `token` avant d'afficher la réponse sur le navigateur.

Maintenant, C'est à prêt à compiler, déployer et exécuter IdSvcsClient comme un test pour le service d'autorisation.

3.2.3 Déploiement et exécution de l'application

Pour déployer et exécuter IdSvcsClient dans le Netbeans IDE, right-cliquez le projet IdSvcsClient et puis choisir *Undeploy* and *Deploy* à partir du menu contextuel. Puis l'IDE compile les classes nécessaires, construit le fichier WAR, et le déploie à le Serveur d'application de Système Sun. Ensuite, vous pouvez accéder à l'application de client à `http://localhost:8080/IdSvcsClient`.

Si l'authentification est réussie, le navigateur affiche le formulaire de service l'autorisation, comme le montre dans la *Figure 3.12*.

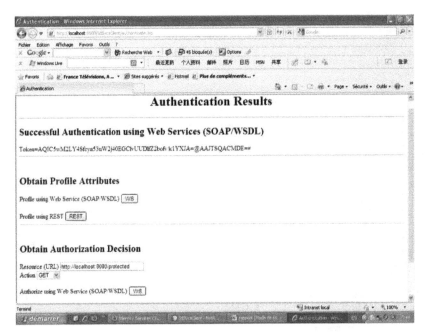

Figure 3.12

Si l'utilisateur a été pré-approuvés pour entreprendre la tâche en question, puis, lorsque cette personne clique sur le boutton WS ou REST à côté de "Authorize using Web Server (SOAP/WSDL)," le navigateur affiche le résultat d'autorisation. Voir *Figure 3.13*.

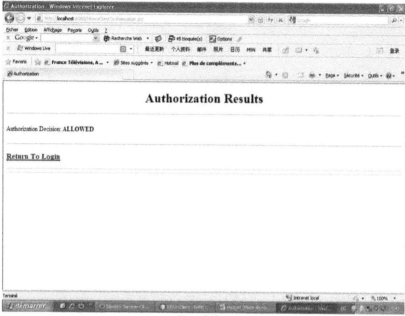

3.2.4 **Conseils de dépannage**

Pour résoudre les problèmes, analyser les exceptions et les messages de débogage. Depuis OpenSSO est déployé comme une application de Web dans un site Web ou un conteneur de J2EE, OpenSSO journaux des exceptions dans l'un des lieux suivants:

- **Container log files** — À noter que ces deux scénarios possibles:

    o Si une exception se produit lorsque le récipient est en train de charger de l'application, `OpenSSO.war` ou `fam.war`, OpenSSO enregistre l'exception dans le conteneur de fichiers log. Par example, si vous avez déployé OpenSSO dans le Serveur d'application de GlassFish, rechercher des exceptions possibles dans les fichiers journaux GlassFish.

    o Si le Serveur de l'OpenSSO ne capture pas l'exception dans son code, OpenSSO propagage tout en route au conteneur et journalise l'exception dans le conteneur des fichiers log.

45

- **OpenSSO debug files** — Pour contrôler le niveau des messages OpenSSO dans les fichiers de débogage, définissez le niveau de débogage appropriées en tant qu'une valeur du paramètre `com.iplanet.services.debug.level` dans le fichier `AMConfig.properties` qui est dans le *container_install_dir*`/webapps/opensso/WEB-INF/classes`.Donc, Vous déoposz quatre nivaeux de choix: `off`, `error`, `warning`, and `message`.

Les fichiers de debug sont dans *opensso_config_dir*`/opensso_deploy_uri/debug`. Les messages spécifiques de service d'Identité résident dans le fichier de débogage `amIdentityServices`. Voici quelques exceptions typiques:

  o Exception de SSO pendant la création de `SSOToken`

  o Exception de stratégie pendant l'évalution de stratégie pour détermine si l'utilisateur est autorisé à effectuer l'opération spécifiée sur la ressource cible.

  o Exception d'URI syntax dans le cas où la ressource d'URI est mal formée.

Si vous trouvez une des exceptions ci-dessus, lisez le fichier de débogage amIdentityServices et déterminer la cause.

En cas d'échec d'autorisation, débuguer les stratégies qui sont configurés sur le serveur OpenSSO. Vérifier si la stratégie en question permet à l'utilisateur d'effectuer l'opération spécifiée sur la ressource cible.

3.2.5 Attractions à la suite

Les parties *User Attributes* et *Single Sign-On* and Logout à la suite va vous montrer comment profiler et auditer avec les services d'identité.

Chapter 4

La conclusion et le prespective

L'objectif de ce travail était d'apporter une contribution dans le nouveau paysage des télécommunications en proposant une nouvelle composant de service d'autorisation, celle pour satisfaire le contexte NGN pour enfin aboutir à la protection de resource, vérifier les droits d'accès, c'est-à-dire, non seulement celle du fixe et du mobile, mais aussi celle du monde des télécommunications et du monde de l'informatique. Nous avons donc contribué au niveau des architectures des services (NGS) pour répondre aux besoins des services de la NGN et au niveau de la session pour supporter toutes les mobilités en réalisant scénario UBIS avec l'autorisation.

Références:

[1] Noemie Simoni, « Des réseaux intelligents à la nouvelle génération de services » Hermès – Lavoisier, ISBN: 2-7462-1218-8, 2007

[2] S.Rostambeik, N.Simoni, A.boutignon "Userware: A Framework for Next Generation Personalized Services"appears at the special issue of the Computer Communication journal on Emerging Middleware for the Next Generation Network, 2006.

[3] Noemie Simoni,Chunyang Yin,Ghislain du CHéné,"An Intelligent user centric middleware in NGN:Infosphere and AmbientGrid",COMSWARE 08

[4] Noemie Simoni, Bertrand Mathieu, Chunyang Yin, Meng Song, Autogestion de service par la QoS dans un réseau overlay, GERS'07, Hammament Tunisia, Nov.2007

[5] Nadège Faggion, le GPRS, Du WAP à l'UMTS, Dunod, Paris, 2002

[6] M. Mani; N. Crespi, "Session Mobility between Heterogenous Accesses with the Exictence of IMS as the Service Control Overlay", Communication systems, 2006. ICCS 2006.10thIEEE Singapore International Conference.

[7] E. Lavinal, N. Simoni, "Dynamic and adaptive composition of SIP-based services", Communications, 2008. ICC '08. IEEE International Conference.

[8] Miikka Poikselkä, Georg Mayer, Hisham Khartabil and Aki Niemi, the IMS: IP Multimedia Concepts and Services, Second Edition © 2006 John Wiley & Sons.

[9] C. Lai, L. Gong, L. Koved, A. Nadalin, R.Schemers (1999) User Authentication and Authorization in the Java Platform. In Proc. 15th Annual Computer Security Applications Conference, Phoenix, AZ, USA, 1999

[10] Foundstone Inc., CORE Security Technologies: Security in the Microsoft ® .NET Framework,http://www.foundstone.com/pdf/dotnet-securityframework.pdf.

[11] OASIS, Extensible Access Control Markup Language (XACML) Version 1.1, Committee specification August 2003, http://www.oasisopen. org/committees/xacml/repository/cs-xacmlspecification-1.1.pdf, January 2003

[12] A. Chaudhri, A. Rashid, R. Zicari, XML Data Management: Native XML and XML-Enabled Database Systems, ISBN 0-201-84452-4,Addison Wesley, 2003

[13] W3C, Web Service Architecture Requirements,http://www.w3.org/TR/2002/WD-wsa-reqs-20021114#id2604831, January 2004

[14] W. Essmayr, S. Probst, E. Weippl; Role-Based Access Controls: Status, Dissemination, and Prospects for Generic Security Mechanisms. Electronic Commerce Research Vol 4(1), pp.127-156. Jan. 2004

[15] Customized Applications for Mobile network Enhanced Logic (CAMEL) Phase X;Stage 2 (3GPP TS 23.078 version 8.0.0 Release 8)

[16] Lakshman Abburi, Aravindan Ranganathan, and Marina Sum,Securing Applications With Identity Services, Part 2: Authorization November 27, 2007

[17] Rebecca Copeland,Converging NGN Wireline and Mobile 3G Networks with IMS,Taylor&Francis Group,LLC 2009

[18] http://web.mit.edu/kerberos/www/

[19] https://opensso.dev.java.net/

[20] http://www.projectliberty.org/